Thomas Martin Klein

Musik Instrumente mit Kindern bauen und spielen

FALKEN

Die Deutsche Bibliothek – CIP-Einheitsaufnahme

Musikinstrumente mit Kindern bauen und spielen / Thomas Martin Klein.
[Fotos: Klaus Prior]. – Niedernhausen/Ts. : FALKEN, 1991
(Schönes Hobby)
ISBN 3-8068-5227-8
NE: Klein, Thomas Martin; Prior, Klaus

ISBN 3 8068 5227 8

Melodie und Text des Gespensterliedes: Thomas Martin Klein
Titelbild: Michael Zorn, Wiesbaden
Fotos: Klaus Prior, Wiesbaden
Zeichnungen und Reinzeichnung des Vorlagebogens: Daniela Schneider, Frankfurt
Layout: Design Christiane Rauert, Dortmund

Satz: Dinges & Frick GmbH, Wiesbaden
Druck: Mairs Graphische Betriebe GmbH, Ostfildern (Kemnat)

817 2635 4453 6271

INHALT

ZUBEHÖR UND WERKZEUG

Da für die vorgestellten Instrumente nur Materialien gewählt wurden, die in fast jedem Haushalt zu finden sind, stehen die Erklärungen dazu in den einzelnen Kapiteln. Zum Verzieren kann ebenfalls unterschiedliches Zubehör verwendet werden – einiges sehen Sie auf dem Foto (S. 5 unten). Der beigefügte Arbeitsplan (eine Seite des Vorlagebogens) soll eine schnelle Übersicht bieten und ist hauptsächlich für die Arbeit mit größeren Gruppen gedacht.

Die meisten Instrumente lassen sich mit wenig Aufwand herstellen. Man benötigt kein besonderes handwerkliches Geschick. Folgende Werkzeuge sollten Sie bereitlegen: Schere, Messer, Hammer, Bohrer für Holz und Metall, Feile, Laub- oder Stichsäge, Heftmaschine (Tacker). Außerdem brauchen Sie eine feste Unterlage, möglichst aus Holz, um ungehindert hämmern zu können; weiter Nylonschnüre in verschiedenen Stärken, Draht, stabile Kordeln, Wollreste, Weinkorken, Klebeband, Pritt Alleskleber, Pritt Stift, Pritt Bastelkleber. Bitte beachten Sie, besonders wenn Sie mit kleinen Kindern arbeiten, daß der Umgang mit manchem Zubehör und mit einigen Werkzeugen nicht ungefährlich ist. Sorgen Sie deshalb dafür, daß genügend Erwachsene anwesend sind, die helfen und schwierige Arbeitsschritte selbst übernehmen.

Der Bau von Instrumenten erfordert eine sorgfältige Planung (S. 6/7), damit kein Unmut aufkommt, wenn zum Beispiel Material oder Werkzeug fehlt oder später eines der fertigen Objekte nicht klingt. Alle hier aufgeführten wurden mit Kindern im Alter von fünf bis neun Jahren gebastelt und gespielt.

Zum Verzieren der Instrumente braucht man: Bunt- und Glanzpapier, Kohlepapier zum Abpausen der Figuren, Metermaß, Lineal, Blei- und Filzstifte sowie Folienschreiber zum Aufmalen von Gesichtern, weiter Klebefolien, Wasser- und Fingerfarben. Die abgebildeten Verzierungen dienen zur Anregung; jeder kann die Instrumente nach seiner eigenen Phantasie schmücken. Achten Sie dennoch auf die Hinweise im Text, da ein Klebebild an falscher Stelle den Klang beeinträchtigen kann.

Bunt- und Glanzpapier, Klebefolien, Stifte und Fingerfarben brauchen Sie zum Verzieren

Werkzeuge wie Hammer, Bohrer, Säge und Messer sollten griffbereit sein

VORBEREITUNG UND ZEITPLAN

Eine gründliche Vorbereitung ist ein wesentlicher Teil des Projekts „Instrumentenbau". Da sich eine Vielzahl von Dingen aller Art dafür eignet, sollte man gezielt auswählen, um nicht im Material zu ersticken. Wichtig ist zudem die Gruppe, mit der Sie arbeiten wollen: Alter und Anzahl der Kinder, wie viele Erwachsene mithelfen, wieviel Zeit zur Verfügung steht, und welche Instrumente Sie sich aussuchen. Hier nun einige Hinweise aus der eigenen Praxis:

* Kleine Gruppen mit vier bis sieben Kindern, etwa acht Jahre alt, Anlaß: Kindergeburtstag, Zeit: zwei bis drei Stunden. Unter solchen Bedingungen kann man zwei verschiedene Instrumententypen herstellen, zum Beispiel Rasseln für alle und zusätzlich zwei oder drei Dosencelli oder Klanghölzer, Kammophon, Blumentopfglockenspiel: alle ohne Bemalung. Es eignen sich also nur diejenigen Objekte, die sich in einem Arbeitsgang fertigen lassen, da man ja nicht warten kann, bis Leim und Farbe getrocknet sind. – Beginnen Sie mit dem Sammeln des Materials etwa drei Wochen vor dem Fest, und bereiten Sie die Verzierungen der Instrumente so weit vor, daß die Kinder die abgepausten Motive nur noch ausschneiden und aufkleben müssen. Die musikalische Umsetzung (ab S. 26) können Sie auch vereinfachen.

In ein solches Materialienchaos sollten Sie erstmal Ordnung bringen

* Große Gruppen, ab zwölf Kinder in Kindergarten, Grund- oder Musikschule: Es ist sinnvoll, daß für je vier oder fünf Kinder ein Erwachsener zur Verfügung steht. Drei Wochen vor der ersten Bauphase werden Kinder und Eltern in einem Brief aufgefordert, die nötigen Materialien zu sammeln und genügend Werkzeug bereitzuhalten. Dann bildet man Kleingruppen, die jede für sich ein anderes Material verarbeiten (Arbeitsplan).
Eine Gruppe von fünfzehn Kindern und vier Erwachsenen kann alle im Buch vorgestellten Instrumente bauen. In der ersten Phase werden die „Rohinstrumente" hergestellt, in der zweiten – nach rund einer Woche – beginnt man mit dem Verzieren. In der dritten – wieder eine Woche später – wird letzte Hand angelegt und natürlich ausgiebig musiziert. Pro Phase sollten Sie mit ungefähr eineinhalb bis zwei Stunden rechnen.
Der Wochenrhythmus ermöglicht, daß Leim und Farbe gründlich trocknen können.
Man kann die Instrumente in jedem Raum fertigen; denken Sie aber an Unterlagen für alle Tische (Kunststoffdecken) und an eine dicke Holzunterlage für den Tisch, auf dem gebohrt, gehämmert und gesägt wird. Kinder dürfen nur dann mit Werkzeugen wie Messer, Bohrer, Säge, Schere oder Heftmaschine umgehen, wenn sie dabei beaufsichtigt werden. Bis auf das Metallröhrenspiel (S. 22) sind die Instrumente so ausgewählt, daß die Kinder soviel wie möglich selbständig arbeiten können.

Und nun viel Spaß beim Bauen und Spielen!

Aus dieser Materialienanordnung kann sich nun jeder die Werkstoffe auswählen, die er braucht

RASSELN

Rasseln aller Art eignen sich hervorragend zur musikalischen Darstellung kleiner Klanggeschichten, die auch ganz leise Töne beinhalten sollen. Sammeln Sie möglichst unterschiedlich große Papprollen und Joghurtbecher. Zum Füllen verwendet man zum Beispiel Reis, getrocknete Erbsen, feinen und groben Sand; als Resonanzfell dient „Raschelplastik", aus dem viele Kaufhaustüten bestehen.

PAPP-ROLLEN

Für die Papprollen schneidet man zunächst einen Kreis aus dem „Raschelplastik" aus, dessen Durchmesser etwa 2 cm größer sein soll als die Öffnung der Rolle. Ihre Ränder bestreichen Sie mit dem Pritt Stift, und auf die Öffnung legen Sie den Kreis. Dessen überstehenden Rand in kurzen Abständen einschneiden, dann fest gegen die Rolle drücken und mit Klebeband fixieren. Geben Sie nun ein wenig Füllmaterial in den Behälter, und verschließen Sie sein anderes Ende ebenfalls mit „Raschelplastik". Es muß straff über die Öffnung gespannt sein, damit der Klang sich richtig entfalten kann.

JOGHURT-BECHER

Mit Joghurtbechern verfährt man sinngemäß gleich. Da hier nur eine Öffnung zu verschließen ist, können auch kleinere Kinder diese Rasseln leicht bauen. Anschließend fixiert man eine Schlaufe aus einem Nylonfaden mit Klebeband am Instrument; es eignet sich so zum Aufhängen.
Beim Verzieren der Rasseln müssen Sie beachten, daß Sie die Resonanzfläche, also das „Raschelplastik", nicht bekleben, da sonst der Klang dumpf wird. Für die Seitenteile der Papprollen eignet sich Buntpapier, das um die Rolle herumgelegt und fixiert wird; 1 cm Kleberand nicht vergessen! Da die meisten Joghurtbecher konisch geformt sind, befestigt man am besten schmale Buntpapierstreifen in Längsrichtung. Lustige Figuren (Vorlagebogen) runden das Bild ab.

Nachts, wenn alles schläft, kommen die Mäuse aus ihrem Versteck hervor. Leise und vorsichtig zuerst, dann lauter und immer ausgelassener. Doch wenn die hungrige Katze erscheint, dann sind plötzlich alle Mäuse verschwunden

GLÜH-BIRNEN

Eine weitere Variante zum Thema Rasseln sind Instrumente aus alten Glühbirnen. Doch Vorsicht: Das dünne Glas kann bei falscher Behandlung leicht zerspringen!
Man pinselt die Glühbirne dick mit Pritt Bastelkleber ein und klebt darauf eine Schicht Papierschnipsel aus möglichst saugfähigem Papier; am besten aus solchem, das zum Verpacken von Porzellan verwendet wird. – Zeitungspapier eignet sich insofern nur bedingt, als die Druckerschwärze ausfärbt. Wenn Sie es dennoch nehmen, sollte es aus optischen Gründen mit deckenden Farben bemalt werden. – Dann folgen so lange Schicht für Schicht Kleber und Papierschnipsel, bis die Glühbirne dick umhüllt ist. Sie trocknet in einem Ständer, z. B. einem leeren Joghurtbecher etwa eine Woche.
Wenn die Papier-Kleber-Umhüllung richtig trocken ist, wird mit einem gezielten Hammerschlag – spitze Seite – das Glas im Inneren der Hülle zertrümmert. Fertig ist die Rassel. Wer sie am Instrumentenbaum (S. 24) aufhängen will, bringt noch eine Schlaufe aus Nylonschnur an der Glühbirnenfassung an.
Die unebene Oberfläche der Rassel eignet sich hervorragend zum Bemalen mit Fingerfarben. Aber Achtung! Prüfen Sie vorher, ob nicht etwa wegen einer undichten Stelle Verletzungsgefahr durch Glassplitter besteht. – Die Rassel kann dann zum Trocknen an der Schlaufe aufgehängt werden.

Zunächst die Glühbirne dick mit Leim einpinseln, dann eine Schicht Papierschnipsel aufkleben. Danach die Vorgänge so lange wiederholen, bis die Birne dick umhüllt ist

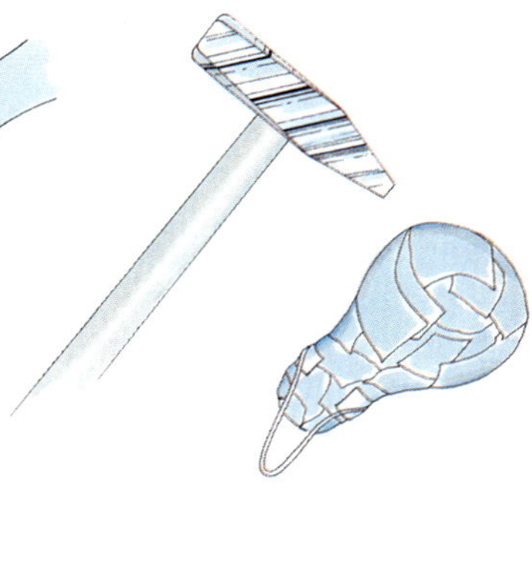

Wenn die Umhüllung getrocknet ist, das Glas im Inneren mit einem gezielten Hammerschlag zertrümmern, aber nicht zu fest, sonst wird das Instrument unbrauchbar

Glühbirnenrasseln lassen sich recht einfach herstellen. Man muß jedoch mit großer Vorsicht arbeiten, da das Glas sehr leicht zerspringt

KAMMOPHON

Mit diesem Instrument kann man die seltsamsten Töne erzeugen: Mit den Fingernägeln lassen sich die einzelnen Kammzinken zupfen, mit den Zeigefingern beider Hände spielt man darauf wie auf einer Harfe, oder man streicht mit anderen Gegenständen darüber. Es ergeben sich immer neue, faszinierende Klänge.
Ein Kammophon entsteht aus einer Holzkiste oder aus einer ausgedienten Schublade, mindestens 30x20 cm, und einem Kamm. Die aus Aluminium klingen am intensivsten. Weniger schön, aber ebenfalls sehr effektvoll klingen billige Kämme aus hartem Kunststoff. Als Werkzeuge eignen sich am besten Bohrmaschine und Stichsäge; man kann aber auch mit Drillbohrer und Laubsäge arbeiten, wenn der Kastenboden, in dessen Mitte ein Schlitz gesägt werden muß, nicht zu dick ist. Der Schlitz soll rund 1 cm kürzer sein als der Kamm und so schmal, daß man diesen gerade noch hineinklemmen kann. Dazu zeichnet man nun zunächst die Linie für den Schlitz, den man aussägen will, auf dem Kasten vor. Dann bohrt man an einem seiner Enden ein Loch, das so groß sein muß, daß das Blatt der Laub- oder Stichsäge hindurchpaßt, und sägt den Schlitz aus. Dann wird der Kamm eingepaßt und gegebenenfalls mit Pritt Alleskleber fixiert. Je fester er verankert ist, desto besser übertragen sich die Schwingungen auf den Kastenboden, den Resonanzboden. Beim Verzieren beachten, daß er nicht beklebt wird, sonst leidet der Klang.

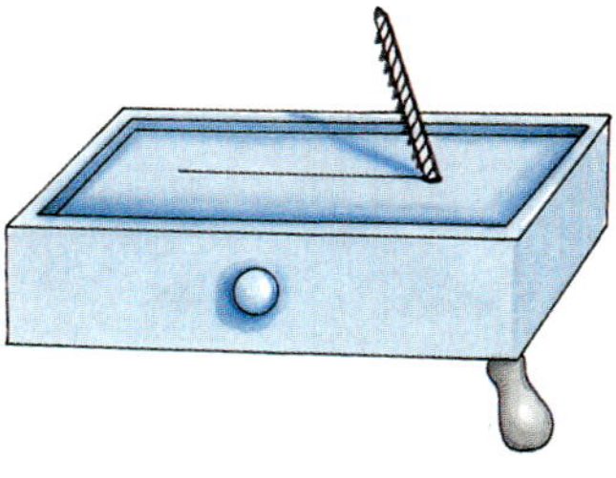

Die Linie für den auszusägenden Schlitz in der Mitte des Kastenbodens aufzeichnen – sie soll 1 cm kürzer sein als der Kamm.

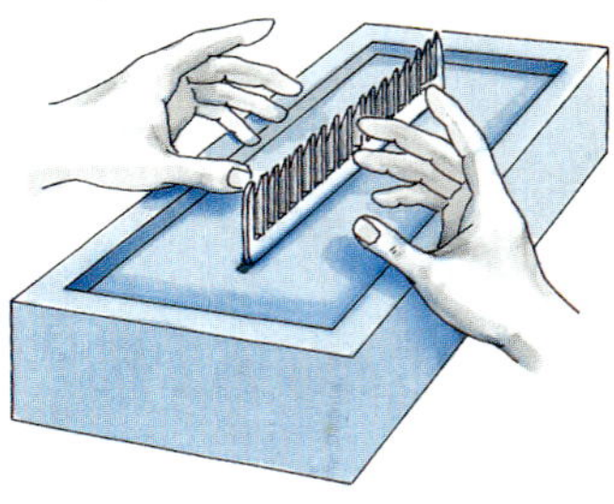

Für das Kammophon gibt es keine vorgeschriebene Spielweise, die hier abgebildete hat sich in der Praxis als die effektvollste erwiesen

Affen können die verrücktesten Sachen machen: auf Bäume klettern, Saltos schlagen, wie wild herumspringen und Grimassen schneiden

CELLO UND HARFE

EIS- UND TEEDOSEN-CELLO

Auf der Suche nach geeigneten Resonanzkörpern stößt man unweigerlich auf die Familie der Dosen. Für ein Cello benötigt man eine Eisdose (2 l) aus Kunststoff oder eine Teedose beliebiger Größe aus Metall, eine etwa 1–1,50 m lange, rund 5 cm breite Holzlatte sowie dünne Nylonschnüre (je 1,20–1,70 m) als Saiten. Sie werden zunächst an einem Ende auf der Lattenrückseite befestigt. Damit die Schnüre nicht verrutschen, bringt man sie am besten mit einigen Heftklammern und etwas Klebstoff an. Sie können aber auch in die Latte dicht nebeneinander zwei kleine Schrauben eindrehen, die Schnüre drumherumwickeln und sie danach mit einem Knoten sichern. Spannen Sie die Nylonschnüre jetzt so locker über die Vorderseite der Latte, daß nachher die Dose ausreichend Platz hat, und klammern Sie die Saiten am anderen Ende der Lattenrückseite fest.
Nachdem die Dose bemalt oder beklebt wurde, fixieren Sie auf deren Vorderseite zwei halbe Weinkorken als Stege – je einen pro Saite –, in die Sie jeweils eine Vertiefung für die Schnüre ritzen. Die Stege übertragen die Saitenschwingungen auf den Resonanzkörper. Unterschiedlich hohe Töne entstehen, indem man die Saiten mit einer Hand auf die Holzlatte drückt und sie mit der anderen Hand zupft.

SCHUBLADE-N-HARFE

Hierfür befestigen Sie mit der Heftmaschine dünne Nylonschnüre oder Gitarrensaiten erst an einer Schubladenseite, führen sie dann über den Boden und klammern sie nun an der gegenüberliegenden Seite fest. Wiederum dienen halbe Weinkorken als Stege. Damit sich der Klang frei entfalten kann, dürfen nur die Schubladenseiten verziert werden.

Die Schnur festklammern und ankleben

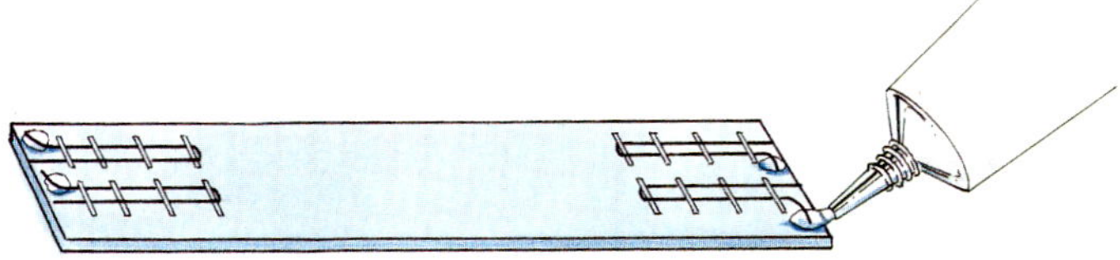

Känguruhs hüpfen so leicht und federnd wie die Töne, die die Doseninstrumente erzeugen. Auch ausgediente Schubladen beginnen nun eine Musikkarriere

TROMMELN

Waschmitteltrommeln klingen dumpf und tief, solche aus Blechdosen schwingen nach, so daß ein geheimnisvoller Klang entsteht. Die Bauweise ist für alle gleich: In den Boden des Behälters bohrt man in gleichmäßigen Abständen vier kleine Löcher. In Blech können Sie sie auch mit einem dünnen Nagel schlagen; so ersparen Sie sich die Arbeit mit einer Bohrmaschine. Durch die Löcher müssen stabile Fäden hindurchpassen – bei einer großen Trommel Kordeln oder Versandschnüre. Je zwei mißt man pro Instrument so lang ab, daß das Trommelfell (der Boden des Behälters) in Bauchhöhe des Spielers ist. Die Kordeln reichen dann jeweils von einem Loch im Boden des Behälters um den Hals des Musikers herum bis zum anderen Loch im Boden der Trommel. Damit das Trommelfell möglichst frei schwingen kann, werden die Kordeln im Inneren des Instruments nur von Knoten oder zusätzlichen Nägeln gehalten. Da jegliche Verzierung auf dem Trommelfell den Klang beeinträchtigt, dürfen nur die Seiten des Behälters dekoriert werden. Gespielt wird mit Schlegeln (S. 18). Dazu stellt man sich hin und hängt sich die Trommel so um den Hals, daß ihre Öffnung nirgendwo aufliegt.
Baut man eine Blechdosentrommel, so läßt sich der Deckel als Becken verwenden. Bohren Sie in seinen Rand ein Loch, und ziehen Sie eine dünne Nylonschnur hindurch, die Sie zu einer Schlaufe verknoten. Nun können Sie das Becken an einem Kleiderbügel oder am Instrumentenbaum (S. 24) aufhängen. Die Außenseite des Beckens verzieren Sie, indem Sie Buntpapier in der Größe des Deckels zuschneiden, es mit einem andersfarbigen Motiv bekleben und es dann mit Pritt Alleskleber an vier Punkten des Beckenrandes fixieren. Niemals die ganze Fläche mit Klebefolie oder Klebstoff behandeln, da sonst das Becken nicht mehr schwingen kann.

Trommeln sind die tiefklingenden Instrumente in unserem Orchester. Je nach Material erinnern sie an Dinosaurier, die durch die Steppe trampeln, oder auch an Gespenster in einem finsteren Spukschloß

SCHLEGEL UND KLANGHOLZ

SCHLEGEL

Wer trommeln will, braucht dazu Schlegel. Sie sind recht einfach aus Holzstäben und Woll- oder Fellresten sowie Weinkorken hergestellt. Am besten eignen sich Bambusstäbe, die zum Stützen von Pflanzen dienen und zwischen 0,5 und 1 cm dick sind. Sie werden in 25–30 cm lange Stücke geschnitten. Um ein Ende wickelt man nun Wolle und fixiert sie zwischendurch ab und zu mit Pritt Alleskleber. Je mehr man davon verwendet, desto fester wird der Schlegelkopf. Soll er jedoch weich sein, nimmt man dicke Wolle und wenig Klebstoff oder umhüllt einen harten „Wollkopf" mit Fellresten. Leichte Schlegel mit relativ hartem Kopf fertigt man aus dünnen Blumenstangen (2–3 mm Ø) und Weinkorken an: jeweils drei Stangen am unteren Ende mit Klebeband zusammenhalten, die Spitzen tief in einen Weinkorken stecken und mit Pritt Alleskleber fixieren. Die Korken können mit Fingerfarben bunt bemalt werden. Bringt man eine Schlaufe am unteren Ende des Schlegels an (Nylonschnur mit Klebeband befestigen), so läßt er sich am Instrumentenbaum (S. 24) griffbereit aufhängen.

KLANG-HÖLZER

Sie eignen sich besonders zum rhythmischen Spiel. Um Klanghölzer herzustellen, sägt man einen Besenstiel in 18–20 cm lange Stücke, die man mit einer Feile oder mit Sandpapier an den Enden abschleifen muß, da sonst die Verletzungsgefahr zu groß ist. Es empfiehlt sich weder, die Hölzer zu bemalen – da die Farbe beim Spiel abplatzt –, noch sie zu bekleben, denn dadurch würde der Klang zu sehr beeinträchtigt. An je einem Ende des Instruments befestigt man eine Nylonschlaufe mit Klebeband.
Zum Spielen benötigt man immer zwei Klanghölzer: Eines legt man locker in eine Hand, deren Innenfläche einen Hohlraum als Resonanzraum bildet, das andere hat die Funktion des Schlaginstruments.

Sie bringen Rhythmus ins Spiel: dünne Holzstäbe mit Wolle oder Fell umwickelt oder in Weinkorken gesteckt. Die Klanghölzer sind nach dem folgenden Motto entstanden: „Besen, Besen, seid's gewesen."

BLUMENTOPFGLOCKEN

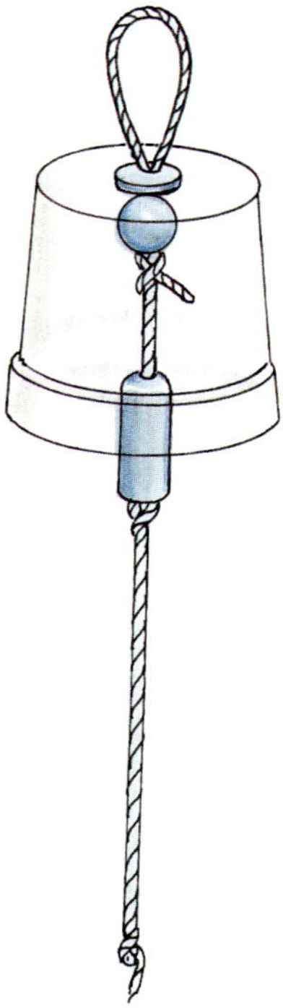

Für Glockenspiele eignen sich Blumentöpfe aus Ton, da sie recht gut klingen. Achten Sie darauf, daß sie keinen Riß oder Sprung haben, da sonst die Klangeigenschaften sehr beeinträchtigt werden. Je größer der Topf, desto tiefer der Ton.

Aus großen Töpfen, ab 12 cm Ø, entstehen einzelne Glocken. Für jede benötigen Sie eine dicke Schnur, etwa 70 cm lang, eine kleine und eine große Holzkugel (Ø 1 cm beziehungsweise 2–4 cm) und eine runde, 1 cm starke Scheibe eines Weinkorkens. Aus einem Ende der Kordel knotet man eine Schlaufe von 10 cm Länge und fädelt darauf die kleine Holzkugel. Im Inneren des Topfes führt man die Schlaufe durch das Luftloch nach außen, so daß die Kugel den Topf trägt. Damit die Schlinge von oben gehalten wird, bohrt man zunächst mit einem dicken Nagel ein Loch in die Korkscheibe, durch das man dann die Kordel zieht, am besten mit Hilfe eines starken Drahtes. Fädeln Sie die große Holzkugel auf das andere Kordelende, das Sie in der Höhe des Topfrandes verknoten. Die Kugel dient als Klöppel. Zwei solche Glocken unterschiedlicher Größe – an je einem Ende eines Kleiderbügels aufgehängt – ergeben ein kleines Glockenspiel.

Kleinere Blumentöpfe hängt man in einigem Abstand untereinander an eine Kordel. Hier erübrigt sich die große Holzkugel, da statt mit einem Klöppel mit Schlegeln (S. 18), mit dünnen Metallröhren oder zum Beispiel mit einem Kaffeelöffel gespielt wird.

Um den Klang nicht zu beeinträchtigen, sollte man die Blumentöpfe weder bekleben noch lackieren, sondern lediglich mit Fingerfarben bemalen.

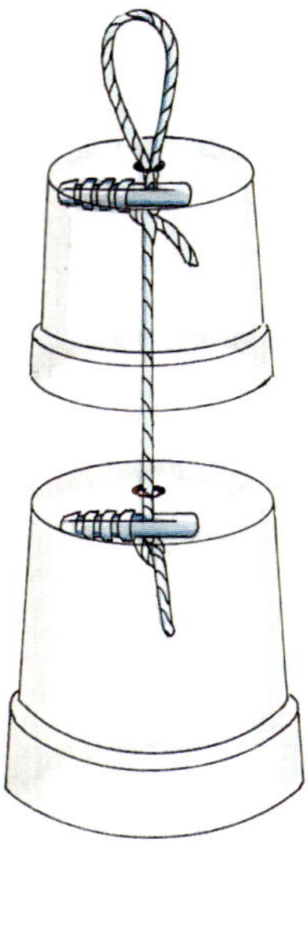

Blumentöpfe haben einen guten Ruf: Sie lassen Pflanzen blühen und Töne schwingen. Der Bau eines Glockenspiels ist sehr einfach

METALLRÖHRENSPIEL

Dieses Instrument ist für etwas fortgeschrittenere Bastler gedacht, die es sich zutrauen, mit Metall zu arbeiten. Belohnt wird man anschließend mit einem sehr schönen Klang. An Werkzeugen benötigen Sie eine Bohrmaschine mit Metallbohrer, Metallfeile oder -säge und möglichst einen Schraubstock, um die Röhren einzuspannen. So arbeitet es sich leichter, und die Verletzungsgefahr ist geringer. An Material brauchen Sie verschieden lange Metallröhren aus Kupfer oder Eisen, die Sie als Abfallstücke bei fast jedem Installateur oder als rund 2 m lange Stangen in jedem Baumarkt besorgen können. Man schneidet sie mit der Metallsäge in unterschiedlich lange Teile von 15–40 cm Länge, und zwar pro Instrument sechs bis acht. Nun muß an einem Ende einer jeden Röhre ein dünnes Loch gebohrt werden, durch das man einen feinen Draht, etwa 20 cm lang, zieht, der anschließend verknotet wird. Damit der Bohrer auf der glatten Oberfläche nicht abgleitet, feilt man erst die Stelle plan, in die man das Loch bohren will. Um einer Verletzungsgefahr vorzubeugen, werden die Enden der Röhren ebenfalls abgeschliffen. Dann hängen Sie die Röhren der Größe nach an einen Holzkleiderbügel, indem Sie die Drahtschlaufen mit einer Heftmaschine an der Rückseite des Bügels festklammern. Der Abstand zwischen den einzelnen Röhren sollte 4–5 cm betragen, damit sie frei schwingen können. Als Schlegel verwendet man eine Metallröhre oder zum Beispiel einen Kaffeelöffel. – Hängen Sie das Metallröhrenspiel an einem starken Ast im Instrumentenbaum (S. 24) auf.

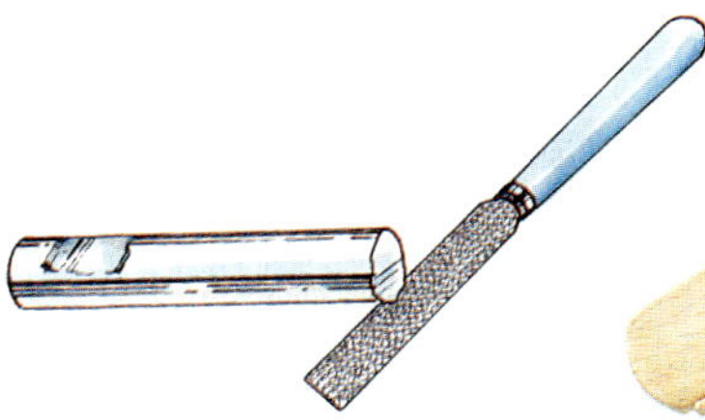

Die Bohrstelle planschleifen (links) und die Röhrenenden glattfeilen

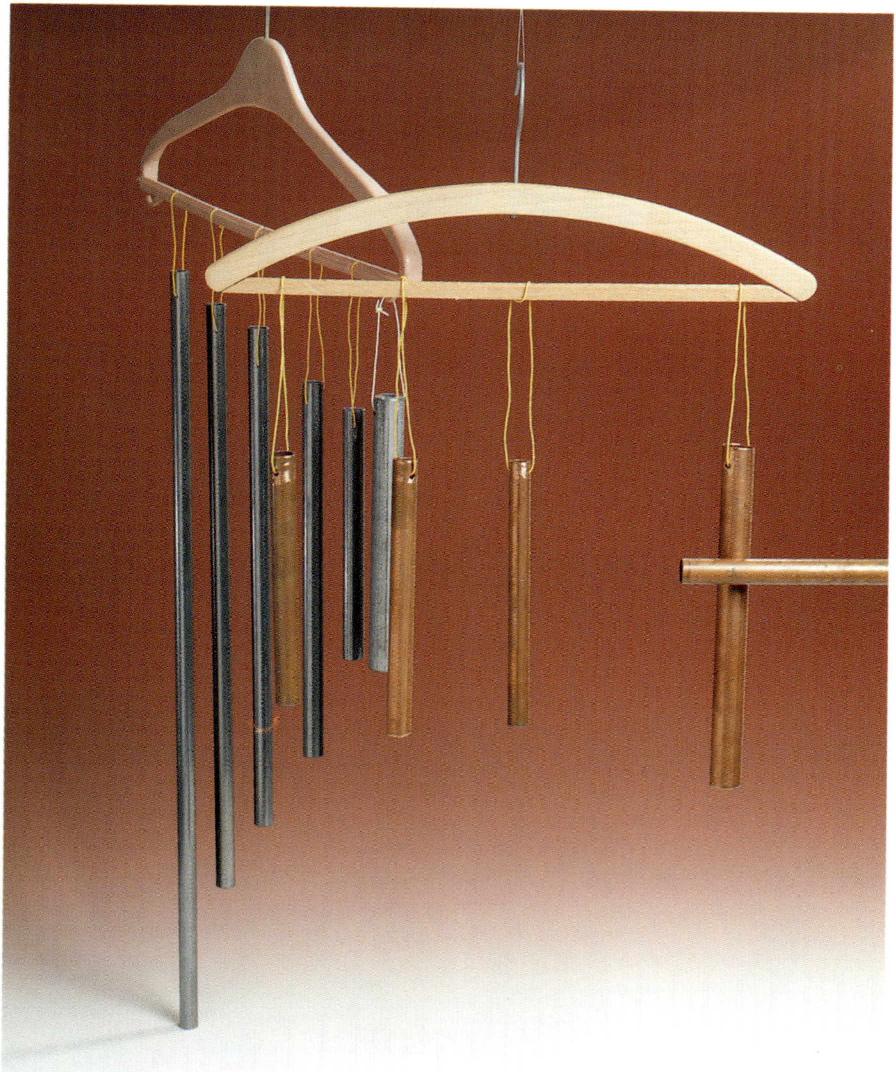

Anziehungspunkt einer Sammlung selbstgebauter Instrumente ist das Metallröhrenspiel. Die Herstellung erfordert jedoch einiges Geschick. Ihr Mut wird anschließend mit einem schönen Klang belohnt

INSTRUMENTENBAUM

Jeder ist stolz auf seine eigenen Werke. Kinder und Eltern, Lehrer und Erzieher haben gemeinsam dazu beigetragen, daß ein vielfältiges Instrumentarium für ein großes Orchester entstehen konnte. Sollen alle diese schönen Klangobjekte nun in einer Schublade oder in der Abstellkammer verschwinden? Erst richtig dekorativ wirken sie, wenn man in einer Ecke des Gruppen- oder Klassenraums, ja selbst im Kinderzimmer, einen ,,Baum'' aufstellt, der die Instrumente als Schmuck trägt. Damit ist die Frage ihrer Aufbewahrung geklärt, gleichzeitig sind sie nun ständig präsent und laden zum Spielen und zum Improvisieren ein.

Woher bekommen Sie einen solchen Baum? Es ist ja kein ausgewachsener Baum, sondern nur ein starker Ast mit vielen Verzweigungen. Entweder bringt man ihn aus dem Wald mit, wenn das Unterholz ausgelichtet wurde, oder im eigenen Garten ist ein Baum oder ein Busch zu groß, dann nimmt man abgesägte, starke Äste, die für die Instrumente ideal sind. Bitte keine Büsche am Wald- oder Feldrand absägen. Erstens ist das nicht erlaubt, und zweitens benötigen Tiere die wenigen Büsche viel dringender als wir.

Als Ständer dient eine große Waschmitteltrommel, die mit Steinen oder Sand gefüllt wird. Zum Beschweren taugen auch alte Versandhauskataloge, denn sie haben ein immenses Gewicht. Als Abdeckung kann man einen Teppichbodenrest zuschneiden. Der ,,Baum'' wird nun von den Zweigen befreit, die zu schwach sind, ein Instrument zu tragen. Kleine Klangobjekte hängt man nun auf, die großen wie Trommeln, Eisdosencelli oder Schubladenharfen arrangiert man um den Ständer herum. Der ,,Baum'' ist natürlich auch ein idealer Halter für Metallröhrenspiele, Blumentopfglocken und Blechdosentrommeln und bildet somit den Mittelpunkt eines Orchesters.

Bei schönem Wetter können Sie auch draußen musizieren. Hier wurden einige leichte Instrumente an Birkenzweigen aufgehängt

SPIELANLEITUNG FÜR DAS GROSSE ORCHESTER

Nun sind viele Instrumente entstanden, und jeder möchte seines vorstellen. Das Spiel „Großes Orchester" vermittelt allen Beteiligten sowohl die Klangerfahrung als auch die Konzentration auf ein einzelnes Instrument.
Es können beliebig viele Musiker teilnehmen. Alle sitzen im Kreis, so daß jeder jeden sieht. Die Klanghölzer stellen das Fundament des Orchesterstücks dar. Sie spielen durchgehend und gleichmäßig ihre Schläge in einem mittleren Tempo. Dabei zählt man immer bis vier, denn der erste bis vierte Schlag bilden zusammen einen Takt. Nach vier Takten (also 16 Schlägen) setzen alle anderen Instrumente ein, und nun spielt das ganze Orchester vier Takte. Dann spielen die Klanghölzer ganz leise weiter, gemeinsam mit einem beliebigen Soloinstrument wie Rassel oder Cello, wiederum vier Takte lang; dann erneut das ganze Orchester, danach Solo und so weiter, bis jedes Instrument einmal allein an der Reihe war.
Bei großen Gruppen mit kleinen Kindern empfiehlt es sich, einen Dirigenten zu bestimmen, der in der Mitte des Kreises steht, die Taktschläge angibt und anzeigt, ob laut oder leise gespielt werden soll und wer der nächste Solist ist. Spannender wird das Musikerlebnis mit älteren Kindern und Erwachsenen, wenn man auf den Dirigenten verzichtet. Dann muß jeder die Taktschläge im Kopf mitzählen. Der Solist bestimmt seinen Nachfolger, indem er einen aus der Runde ansieht. Das erfordert hohe Aufmerksamkeit von allen Musikern.
Solist sein heißt auch, daß man die vier Takte zur freien Verfügung hat. Man braucht also nicht nur die Taktschläge zu spielen, sondern kann sich etwas ganz Neues einfallen lassen. Das regt auch die nachfolgenden Musiker dazu an, eigene Soli zu erfinden.

Stellen Sie sich einmal vor, wie dieses Orchester klingt.
Vier Takte lang spielen alle Instrumente gemeinsam, jetzt folgt ein Solo, danach setzt das gesamte Orchester wieder ein, dann kommt ein Solo. Den Modus so lange wiederholen, bis jeder einmal allein gespielt hat

WELTRAUMFAHRT
EINE KLANGGESCHICHTE

Selbstgebaute Instrumente kann man nicht stimmen, deshalb eignen sie sich wenig zur Liedbegleitung (Ausnahme: S. 30). Ihre Stärken liegen in den ungewohnten Klängen, die eine eindrucksvolle akustische Kulisse für eine dramatische Handlung sein können. Unser Beispiel beschreibt eine Weltraumfahrt.

Der Countdown: 10-9-8-7-6-5-4-3-2-1-Feuer. Das Ticken der Uhr übernehmen die Klanghölzer. Nun wird die Rakete gezündet (alle Instrumente ganz laut). Sie hebt ab und fliegt immer höher (alle werden leiser) in den Weltraum (Stille). Sterne leuchten (Metallröhren), der Mond erscheint größer als sonst (große Trommel). Plötzlich prasselt ein Meteoritenregen (Rasseln) auf das Raumschiff nieder, und im Inneren wird alles durcheinandergewirbelt (alle). Dann tritt wieder Ruhe ein. Das Raumschiff setzt zur Landung auf einem fremden Planeten an. Bremsraketen werden gezündet (alle), es folgt eine harte Landung (laute Trommeltöne und Metallgeklapper). Die Tür wird geöffnet (Kammophon), die Astronauten betreten den Planeten (Klanghölzer). Da erscheinen hinter einem Felsen fremde, lustig aussehende Wesen (Dosencelli), die eigenartige Bewegungen vollführen. Astronauten und Planetenbewohner beginnen eine Unterhaltung mit Bewegungen und Gesten (Klanghölzer, Dosencelli, Schubladenharfe). Start vom Planeten (wie Countdown), Flug durch das All mit weiteren Abenteuern, Rückkunft auf die Erde (wie Landung auf dem Planeten).

Während die Musikkassette „Weltraumfahrt" abgespielt wurde, haben die Kinder Bilder gemalt. Alexander hat sich für die gestartete Rakete entschieden, Kai für die Landung auf einem fremden Planeten

Diese Geschichte dient nur als Anregung. Kinder haben für die Ausgestaltung immer noch selbst die besten Ideen. Natürlich kann man auch andere Themen bearbeiten oder Kinderbücher vertonen. Bei der Auswahl sollte man jedoch darauf achten, daß die Handlung leicht überschaubar und gut gegliedert ist und wenig Dialoge enthält, denn diese lassen sich nicht gut mit Musik unterlegen. Spannend ist es, eine Klanggeschichte auf einer Kassette aufzunehmen und anschließend das eigene Werk anzuhören. Selbstgemalte Bilder runden das Thema ab. Vielleicht haben die Kinder Lust dazu, Bilder von ihrer Weltraumfahrt zu malen.

GESPENSTERGESCHICHTE

Es ist zwölf Uhr, Mitternacht! Die Gespenster sind erwacht. Die große Turmuhr (Metallröhren) schlägt zwölfmal. Alles ist still. Doch plötzlich regt sich etwas. Hat da nicht die Tür im Schloßturm geknarrt (Kammophon)? Nach und nach versammeln sich die Gespenster (einzelne Instrumente nacheinander gespielt) zu einem großen Spuk im alten Schloß.
Dies ist nur die Anregung für den Beginn einer Klanggeschichte. Selbstgebaute Instrumente klingen sehr fremd und eignen sich deshalb gut für eine Gespenstermusik. Man sollte zunächst die Kinder auffordern, ihren Instrumenten möglichst unheimliche Töne zu entlocken. Dann stellt man sich die Szene vor: Ein altes Schloß, schon vor Jahrhunderten von seinen Bewohnern verlassen. Der Wind pfeift um das Gemäuer: Reiben auf der Trommel, und in dem großen Saal findet man rostige Ritterrüstungen unter Spinnweben . . . Um Mitternacht wird es lebendig in dem alten Schloß. Die Gespenster veranstalten einen Ball. Wie sie aussehen und was alles passiert, das kann man getrost der Phantasie der Kinder überlassen.
Wer mag, kann folgendes Lied in die Geschichte einflechten:

T. M. Klein

Zwölf Uhr, Mitternacht! In diesem alten Gemäuer findet der Gespensterball statt. Regen Sie die Kinder an, bizarre Klänge zu produzieren

SCHÖNES HOBBY

Bereits erschienen:

ISBN: 3-8068-**5231**-6

ISBN: 3-8068-**5228**-6

ISBN: 3-8068-**5229**-4

ISBN:3-8068-**5232**-4

ISBN:3-8068-**5227**-8

ISBN:3-8068-**5230**-X

FALKEN